Zitatunwesen

Eris Ado

Zitatunwesen

Bibliografische Information der Deutschen Nationalbibliothek: Die Deutsche Nationalbibliothek verzeichnet diese Publikation in der Deutschen Nationalbibliografie; detaillierte bibliografische Daten sind im Internet über http://dnb.dnb.de abrufbar.

Herstellung und Verlag: BoD – Books on Demand, Norderstedt

ISBN: 9783752840889

Inhalt

Im postfaktischen Zeitalter

Das postfaktische Zeitalter hat im Bereich der Zitate früh begonnen, denn mit kaum etwas wird mehr geschludert als mit fremden Äußerungen. Lange bevor im Internet Zitatsammlungen ohne Quellennachweise auftauchten und in sozialen Netzwerken zweifelhafte Zitate geteilt wurden, verbreiteten sich falsch zugeschriebene und verfälschte Zitate. Die Verbreitung wurde durch das Fehlen des Internets sogar begünstigt, denn für Otto-Normalverbraucher war es fast unmöglich sich durch Recherche von der Falschheit eines Zitats zu überzeugen.

Das Internet ist zwiespältig: Einerseits ermöglicht es die massenhafte Verbreitung unrichtiger Zitate, andererseits ist jeder in der Lage die Falschheit der Zuschreibungen selbst zu ermitteln, denn auf Seiten wie quote-investigator und auf Wikipedia werden die meisten dieser Zitate aufgeführt und die vermeintliche Urheberschaft infrage gestellt oder widerlegt. So bringt ein wenig Online-Recherche meist schnell die Zweifelhaftigkeit oder auch nachgewiesene Falschheit zutage. Und wenn es noch kein Material zu einem Zitat gibt, kann man beispielsweise in googlebooks oder im Projekt Gutenberg herumstöbern. Früher hatte man es da sehr viel schwerer, wenn man Zweifel an der Echtheit der Zuschreibung hatte. Um langwieriges und oft ergebnisloses Recherchieren in alten Schinken kam man nicht herum.

Erstaunlich ist, dass oft die bekanntesten Zitate, die eine berühmte Person geäußert haben soll, falsch sind. In fast jeder Diskussion bringt jemand den berühmten Satz „Ich verachte ihre Meinung, aber ich gäbe mein Leben dafür, dass Sie sie sagen dürfen." Als Urheber wird Voltaire angegeben. Das ist falsch. Erfunden hat diesen Satz Evelyn Beatrice Hall, die unter dem Pseudonym Stephen G. Tallentyre, das Buch „The friends of Voltaire", das 1906 erschien, schrieb. In dem von ihr erdachten Satz beschreibt sie die von ihr gemutmaßte Haltung

Voltaires gegenüber Claude Andre Helvetius. (»„I disapprove of what you say, but I will defend to the death your right to say it", was his attitude now.« S. 199 in [B1])

Also ist es keinesfalls so, dass die Autorin davon ausging, dass Voltaire für jede Meinung sein Leben gegeben hätte. Voltaire hätte sich wahrscheinlich entschieden dagegen verwahrt als Unterstützer für extremistische Haltungen funktionalisiert zu werden.

Marie Antoinette hat nie „Wenn sie kein Brot haben, dann sollen sie doch Kuchen essen" gesagt. Den Satz, der eine länger zurückliegende Äußerung einer Prinzessin widergeben soll, schrieb Rousseau 1766 in seinen Memoiren. Marie-Antoinette war damals zehn Jahre alt. Siehe: [1]

(In Deutsch wird der Satz nur ungenau wiedergegeben: Statt Kuchen hatte die unbekannte Prinzessin den Verzehr von Brioches anempfohlen)

Martin Luther werden diverse unrichtige Zitate unterstellt. So stammt der Spruch: „Wenn ich wüßte, dass morgen die Welt unterginge, würde ich heute noch mein Apfelbäumchen pflanzen." nicht von ihm. Der Spruch entstand höchstwahrscheinlich erst im zwanzigsten Jahrhundert. Der erste schriftliche Beleg stammt aus dem Jahr 1944. (Siehe [2])

Luther beendete seine Verteidigungsrede auf dem Reichstag zu Worms nicht mit den Worten. „Hier stehe ich, ich kann nicht anders. Gott helfe mir. Amen." Tatsächlich beendete er sie schlicht mit den Worten: „Gott helfe mir. Amen." Das standhafte und aufmüpfige „Hier stehe ich, ich kann nicht anders" ist eine spätere Einfügung. Wer auch immer diese Worte erfand: Er hat einen Volltreffer gelandet. Luther sagte so einiges nicht. Beispielsweise nicht:

„Warum rülpset und furzet ihr nicht, hat es euch nicht geschmecket?" Dieses Zitat ist nicht nachweisbar, obwohl es zu ihm passen würde, denn er äußerte sich öfters übers Furzen. („Wenn ich hier einen Furz lasse, dann riecht man das in Rom." „Aus einem verzagten Arsch fährt kein fröhlicher Furz." sind authentische Zitate.) (siehe: [3])

8

Dafür sagte und schrieb er so einiges, was von seinen An-hängern nicht mehr gerne zitiert wird. So erläuterte er in „Von den Juden und ihren Lügen" 1543 wie man seiner Meinung nach mit Juden umgehen sollte.

„Erstlich, dass man ihre Synagogen oder Schulen mit Feuer anstecke und, was nicht verbrennen will, mit Erde über-häufe und beschütte, dass kein Mensch einen Stein oder Schlacke davon sehe, ewiglich. Und solches soll man tun unserem Herrn und der Christenheit zu Ehren, damit Gott sehe, dass wir Christen seien und solch öffentlich Lügen, Fluchen und Lästern seines Sohnes und seiner Christen wissentlich nicht geduldet noch gewilligt haben."

Es folgen weitere Maßnahmen: Zerstörung der Häuser, Entzug von Gebetbüchern und Talmud, Lehrverbot für Rabbiner, Entzug des Geleit- und Wegerechts für jüdische Händler, Verbot von Geldgeschäften, Beschlagnahmung von Bargeld und Schmuck, Zwangsarbeit für junge, kräftige Juden. (Siehe: [4])

Hätte ein weltlicher Autor dieser Zeit etwas Derartiges ge-äußert, stünde er heute garantiert nicht in so einem hohen Ansehen wie Martin Luther. Für religiöse Figuren gibt es Extra-Regeln.

Wie leicht man sich im Bereich Zitate täuschen kann, sieht man an folgendem Beispiel: Der Satz „Coincidence is God's way to remain anonymous." wird im englischsprachigen Sprachraum häufig Albert Einstein zugeschrieben. (Z. B. S. 94 in [B2])

Da sagt sich der gebildete Deutschsprachige sofort, dass dies falsch ist. Damit liegt er richtig. Aber er setzt dann fort, dass in Wirklichkeit Albert Schweizer der Erfinder dieses Satzes sei. Damit liegt er falsch.

Es stimmt, dass im deutschen Sprachraum dieses Zitat mit leichten Veränderungen für gewöhnlich Albert Schweitzer zugeschrieben wird. „Der Zufall ist das Pseudonym, das der liebe Gott wählt, wenn er inkognito bleiben will." Der Um-stand, dass sowohl Schweitzer als auch Einstein den Vornamen Albert trugen, könnte schuld sein, dass dieser Spruch zu Einstein gewandert ist.

Erfunden hat diesen Spruch aber auch Albert Schweitzer nicht. Die älteste bekanmnte Variante « Le hasard, c´est peut-étre le pseudonyme de Dieu quand il ne veut pas signer. » (Zufall ist möglicherweise das Pseudonym Gottes, wenn er nicht unterschreiben will.) findet sich in Théophile Gautiers 1855 erschienenem Werk La Croix de Berny. Damit sind sowohl Einstein als auch Schweitzer von der Urheberschaft entlastet. (Siehe: [5])

Es ist auch ein seltsam naiver Spruch. Ein Spruch, der die Heillosigkeit der Theodizee-Problematik verdeutlicht. Denn es gibt so viel Zufälle, die nicht eben günstig sind für die involvierten Personen. Warum macht Gott dann so etwas? Ist er fies und rachsüchtig? Wenn man den Aphorismus auf glückliche Zufälle einschränkte, dann bräuchte man den Teufel für die unglücklichen Zufälle, oder zumindest die Unaufmerksamkeit Gottes.

Alte Weisheiten

Jeder, der mal zur Schule ging, kennt diesen Spruch: „Nicht für die Schule, sondern für das Leben lernen wir." Jeder, der schon mal Lateinunterricht genossen hat, kennt ihn auch auf Latein. Generationen von Schülern wurde schon die Redensart „Non scholae sed vitae discimus" unter die Nase gerieben. Das habe angeblich Seneca so gesagt. Doch auf Seneca kann sich der Lehrer nicht berufen. Der hat nämlich den Satz genau andersherum geschrieben. In einem Brief an Lucillus regt er sich darüber auf, dass die Schüler viel unnützen Wissensstoff, der im späteren Leben nicht zu gebrauchen ist, vorgesetzt bekommen. Damit gibt Seneca den uninteressierten Schülern recht. (Siehe: [6])

Sokrates hat niemals „Ich weiß, dass ich nichts weiß" über die Lippen gebracht. Wie immer bei vermeintlich sicherem Wissen muss dieser Satz relativiert werden: Höchstwahrscheinlich hat Sokrates diesen Satz nicht gesagt. Sokrates Worte kennen wir nur von Plato. Und Plato hat natürlich nicht alles überliefert, was Sokrates so den lieben, langen Tag von sich gab. In Platons Apologie sagt Sokrates nicht den paradoxen Satz „Ich weiß, dass ich nichts weiß", sondern viel unspektakulärer verdeutlicht er die Begrenztheit seines Wissens; „Indem ich also fortging, gedachte ich bei mir selbst, als dieser Mann bin ich nun freilich weiser. Denn es mag wohl eben keiner von uns etwas tüchtiges oder sonderliches wissen, allein dieser meint zu wissen, da er nicht weiß, ich aber, wie ich eben nicht weiß, so meine ich es auch nicht. Ich scheine also um dieses wenige doch weiser zu sein als er, dass ich, was ich nicht weiß, auch nicht glaube zu wissen."

(In [7])

Die verheerendste Verdrehung wird an Juvenal begangen. Ihm wird der Ausspruch: „In einem gesunden Körper wohnt ein gesunder Geist", oder gar „Nur in einem gesunden Körper wohnt ein gesunder Geist" zugeschrieben. Diese unsinnige

Aussage tätigte er aber nicht. Was schrieb er wirklich? „Orandum est ut sit mens sana in corpore sano," („Es ist zu beten/wünschen, dass sich ein gesunder Geist in einem gesunden Körper befinde.") (siehe. [8]) Er behauptet keinesfalls, dass ein unbedingter Zusammenhang bestehe. Jedem fallen wohl genug Menschen ein, die trotz schwerwiegender physischer Erkrankungen großartige geistige Leistungen vollbrachten und vollbringen. Und andererseits kennt man genügend Leute, deren Körper gesund ist, aber deren Geist nicht so vital ist. Wie konnte so ein Bullshit-Spruch Karriere machen?

Wenn es mit den alten Römern und Griechen so schlecht bestellt ist, warum hält man sich dann nicht in Sachen kluge Sprüche an die Indianer? Diese gelten als Quelle der Weisheit, wenn es um Umwelt und Nachhaltigkeit geht. Diese positive Diskriminierung reicht zurück bis Rousseaus edlem Wilden und ist auf schlechtes Gewissen, gepaart mit Naturverklärung zurückzuführen.

Die berühmteste Indianerweisheit „Erst wenn der letzte Baum gerodet, der letzte Fluss vergiftet, der letzte Fisch gefangen ist, werdet ihr merken, dass man Geld nicht essen kann." ist gar nicht alt. Sie stammt weder (wie oft behauptet wird) von dem Sioux-Häuptling Sitting Bull, noch von dem Suquamisch-Häuptling Chief Seattle. Auch ist es keine Weissagung der Cree. Nachweisen kann man diese Redewendung erst für das Jahr 1972. Damals gebrauchten sie Alanis Obornsawin in dem Buch „Who is the chairman of this meeting?" und im November 1972 Thomas Parker, dessen Indianername Sakokwenokwas lautete, bei einem Harvard-Treffen. Da sowohl Obornsawin als auch Parker von Indianern abstammten, kann man die oben genannte Äußerung durchaus als Indianerspruch bezeichnen. Ob Obornsawin und/oder Parker die Redewendung erfunden hat/haben, oder ob es ein Dritter war, der dann zitiert wurde, bleibt im Dunkeln. (Siehe: [9])

12

Man weiß auch nicht so genau, wer die Verballhornung dieses Zitats in Umlauf gebracht hat: „Erst wenn die letzte Ölplattform stillgelegt, der letzte Öltanker verschrottet und die letzte Tankstelle geschlossen ist, werdet ihr bemerken, dass Greenpeace nachts kein Bier verkauft." ist unbekannten Ursprungs.

Keine Indianerweisheit ist „Wir haben die Erde nicht von unseren Eltern geerbt, sondern von unseren Kindern geliehen." Der Essayist und Naturschutzer Wendell Berry war wohl der Erste, der diese Aussage tätigte. (Siehe [10])
Wobei dieser Satz in Sachen Naturschutz gar nicht so ohne ist. Er geht von Besitzansprüchen des Menschen an der Erde aus, es sei denn, dass „unsere Eltern" alle vor uns kommenden Lebensformen umfasste, und, dass „wir" alle derzeitigen Lebensformen betrifft. Mit „unsere Kinder" müssten dann alle nach uns kommenden Lebensformen gemeint sein.

Witziges

„Die Werke Shakespeares wurden nicht von Shakespeare verfasst, sondern von einem Mann desselben Namens." (U. a. Mark Twain, G. K. Chesterton, Lewis Carroll, Israel Zangwill, und Aldous Huxley zugeschrieben) Es ist ein guter Witz, von dem es auch eine Variante mit Homer gibt. Darum wurde er auch von vielen bekannten Persönlichkeiten verwendet. Erfunden haben sie ihn nicht. In Wirklichkeit taucht der Witz 1860 in der Zeitschrift „The spectator" im Artikel eines ungenannten Autors auf. Dass der Verfasser ungenannt bleibt, ist beruhigend. So kann man den Witz weitergeben, ohne sich merken zu müssen, von wem er stammt. (Siehe [11])

Eine geistreiche Bemerkung wird Kurt Tucholsky zugeschrieben. „Der Tod eines Menschen: das ist eine Katastrophe. Hunderttausend Tote: das ist eine Statistik!" Dabei übersieht man, dass Tucholsky in seinem Essay „Der französische Witz" diese Bemerkung seinerseits zitierte. (Siehe [12])

In den wenigsten Fällen gelingt es den Urheber eines Witzes ausfindig zu machen. Man sollte bedenken, dass der Großteil der Witze in der Vor-Internet-Ära entstanden ist. Man konnte nicht online gehen und den Witz auf diversen Internetseiten posten. Was machte damals jemand, dem etwas Witziges eingefallen war? Er/Sie erzählte es anderen Leuten und diese Leute wiederum anderen Leuten. Zum Zeitpunkt der ersten schriftlichen Fixierung hätte niemand mehr den Urheber ausfindig machen können, selbst wenn es versucht worden wäre.

Auch dieser Witz: „Was passiert, wenn in der Sahara der Sozialismus eingeführt wird? Zehn Jahre überhaupt nichts, und dann wird der Sand knapp." (Franz-Josef Strauß im Bundestagswahlkampf 1983) erfreute sich in verschiedenen Varianten großer Beliebtheit. (Siehe [13])

14

Er stammt höchstwahrscheinlich aus der ehemaligen Sowjetunion und trat von da seinen Siegeszug rund um die Welt an. Und so ist die Zuschreibung mannigfaltig. Neben dem angesprochenen Franz-Josef Strauß wurde er auch u.a. dem Nobelpreisträger Milton Friedman zugeschrieben.

Es gibt Witze, die in verschiedenen Ländern jeweils eigenen Landsleuten zugerechnet werden. „Wenn ich übers Wasser laufe, dann sagen meine Kritiker: Nicht mal schwimmen kann der." wird in Deutschland Berti Vogts angerechnet.
„If my critics saw me walking over the Thames they would say it was because I couldn´t swim." wird in Großbritannien Margaret Thatcher angerechnet. In den USA ist folgende Variante bekannt: "If one morning I walked on top of the water across the Potomac River, the headline that afternoon would read: "President Can´t Swim"" Lyndon B. Johnson gilt als Urheber.
Es ist ein Witz, der bestens geeignet ist für alle, die sich missverstanden und schlecht behandelt fühlen. Berti Vogts tätigte diesen Ausspruch wirklich und es ist vorstellbar, dass sowohl Margaret Thatcher als auch Lyndon B. Johnson diesen Spruch verwendeten. Die älteste Variante ist die mit Lyndon B. Johnson. Es ist unwahrscheinlich, dass der ehemalige Präsident sich diesen Witz selbst ausgedacht hat, es ist sicher, dass Berti Vogts nicht der Urheber des Satzes ist. Wenn man ihm etwas als eigene Leistung anrechnen kann, dann ist das die Übersetzung dieses Bonmots in Fußballersprache. (D. H. er verzichtet in seiner Variante auf den Konjunktiv.)
„Wenn der Franz übers Wasser läuft, sprechen alle von Gott. Wenn ich über das Wasser laufe, heißt es: Der kann ja nicht mal schwimmen." (Siehe [14])

Ein witziger Spruch, der im allgemeinen George Best zugeschrieben wird, ist: „Ich habe viel Geld für Alkohol, Frauen und schnelle Autos ausgegeben, den Rest habe ich einfach verprasst." Die älteste bisher ausfindig gemachte Version dieses Witzes stammt von Channing Pollock. (Reader´s Digest, 1936) (siehe [15])

Bedenkliche Witzigkeit entfalteten Spiegel-Redakteure, als sie dem damaligen Bundespräsidenten Heinrich Lübke mehrere Zitate unterjubelten.

„Als Englands Königin am Rhein Staatsbesuch machte, kleidete Lübke die Mitteilung an seinen Gast, das Konzert im Schloß Brühl werde sogleich beginnen (so berichtete die Bonner Fama), in den Satz: „Equal goes it loose" - eine eigene Übersetzung von: Gleich geht es los." (In [16])

Dass der Verweis auf die Bonner Fama die Sache etwas relativiert, schmälert nicht die Boshaftigkeit des Vorgehens. Die Gründe sind geradezu lächerlich. Der Spiegel Journalist dichtete Lübke das an, weil er während des Queen-Besuchs einen schlechten Platz bekommen hatte.

Hermann Gremliza in Konkret 3/2006 (S. 74) zitiert nach [17]:

„In Wahrheit ist das angebliche Lübke-Zitat *Equal goes it loose* eine Erfindung des Bonner Spiegel-Korrespondenten Ernst Goyke, genannt Ego, der sich mit ihr dafür rächte, daß das Protokoll ihn beim Besuch der englischen Königin auf Schloß Brühl nicht auf Hörweite an die Queen und ihren Gastgeber herangelassen hatte. Auch alle anderen Beiträge zum 'Lübke-Englisch' haben in der Woche nach Egos Story Redakteure des Spiegel unter falschen Absendern für die Leserbrief-Seiten des Magazins verfaßt. (Einer der Täter hieß Kohnke, den Namen des anderen behalte ich lieber für mich.)"

Derartige Sachen sollten Nachrichtenmagazine, die als seriös gelten wollen, unterlassen. Wenn wir schon bei Lübke sind: Sein bekanntestes Zitat „Sehr verehrte Damen und Herren, liebe Neger ..." hat er höchstwahrscheinlich auch nie gesagt.

16

Harmloses und Schlampiges

Falsche Zitate gedeihen nur, weil viele Menschen sie bereitwillig weiterverbreiten, ohne sich an fehlenden Quellenangaben zu stören. Irgendwann sind derartige Bullshit-Zitate so verbreitet, dass sie kaum noch infrage gestellt werden.

Welchen Nutzen hat es, Prominenten Sprüche anzudichten? Da gibt es harmlose und schändliche Intentionen.

Zuerst zu den harmlosen: In dieser Sache ist man auf Mutmaßungen angewiesen, denn die Andichter sind in der Regel kaum auszumachen. Zum einen könnte jemand im Sinn haben, seinen eigenen Spruch unsterblich zu machen. Niemand interessiert sich für die Sprüche eines Lieschen/Hänschen Müller. Auch dann nicht, wenn der Spruch geistreich ist. Aber wenn es gelingt, diesen Spruch einem Prominenten unterzujubeln, dann wird er fortleben. Das wäre ein Urheberschaftsopfer zugunsten des Spruchs. Wobei ein Selbstopfer höchstwahrscheinlich seltener ist als das Fremdopfer. Wenn der Urheber eines gefälligen Spruchs zu unbedeutend scheint, wird er von anderen Menschen, die sich nicht auf weitgehend Unbekannte berufen wollen, berühmten Personen untergeschoben. „Zuerst ignorieren sie dich, dann lachen sie über dich, dann bekämpfen sie dich und dann gewinnst du."

Diese Sentenz stammt in Wirklichkeit nicht von Mahatma Ghandi, sondern von einem Gewerkschafter namens Nicholas Klein, der 1918 in einer Rede anlässlich des Gewerkschaftstages folgende Worte sprach: „Und, liebe Freunde, in dieser Geschichte findet ihr die Historie unserer gesamten Bewegung wieder: Zuerst ignorieren sie dich. Dann machen sie dich lächerlich. Dann greifen sie dich an und wollen dich verbrennen. Und dann errichten sie dir Denkmäler. Und das ist genau das, was den vereinigten Arbeitern der Bekleidungsindustrie Amerikas passieren wird." (In [18])

17

Nicholas Klein ist zum Namedropping nicht so geeignet wie Mahatma Ghandi und so wanderte die Zuschreibung zu Letzterem.

Wobei natürlich auch unsicher ist, ob N. Klein diesen Spruch erfand. Täuschend ähnliche Sätze geisterten schon lange herum. So wurde Arthur Schopenhauer der Ausspruch: „Ein jedes Problem durchläuft bis zu seiner Anerkennung drei Stufen: In der ersten erscheint es lächerlich, in der zweiten wird es bekämpft, und in der dritten gilt es als selbstverständlich." zugeschrieben. (Kurt Hassert: Allgemeine Verkehrsgeographie, 1913, S.121 in [B4])

Wobei Schopenhauer ziemlich schlampig gewesen wäre, wenn er diese Sätze wirklich in dieser Form aufgeschrieben hätte. Denn diese Worte ergeben auf mehrfache Weise keinen rechten Sinn. Denn wenn es schon „als selbstverständlich" gilt, dann ist ein „Problem" schon längst anerkannt. Und ob ein Problem lächerlich erscheint und bekämpft wird, hängt wohl von der Art des Problems ab. Statt „Problem" müsste da „Erkenntnis" stehen, und im Satz vor dem Doppelpunkt müsste „bis zur Anerkennung" gestrichen werden. Kaum anzunehmen, dass Schopenhauer so nachlässig gearbeitet hat. Der Spruch ist wohl eine missglückte Zusammenfassung dessen, was Schopenhauer in die „Welt als Wille und Vorstellung" schrieb:

„Und so, nachdem ich mir den Scherz erlaubt, welchem eine Stelle zu gönnen in diesem durchweg zweideutigen Leben kaum irgend ein Blatt zu ernsthaft seyn kann, gebe ich mit innigem Ernst das Buch hin, in der Zuversicht, daß es früh oder spät Diejenigen erreichen wird, an welche es allein gerichtet seyn kann, und übrigens gelassen darin ergeben, daß auch ihm in vollem Maaße das Schicksal werde, welches in jeder Erkenntniß, also um so mehr in der wichtigsten, allezeit der Wahrheit zu Theil ward, der nur ein kurzes Siegesfest beschieden ist, zwischen den beiden langen Zeiträumen, wo sie als paradox verdammt und als trivial geringgeschätzt wird. Auch pflegt das erstere Schicksal ihren Urheber mitzutreffen. –

18

Aber das Leben ist kurz und die Wahrheit wirkt ferne und lebt lange: sagen wir die Wahrheit." (Geschrieben zu Dresden im August 1818.) (In [19])

Man sieht: Derartige Sprüche entstehen selten aus dem Nichts. Zu den allermeisten kann man ähnliche Vorgängersprüche finden. Das trifft auch auf den oft zitierten Spruch: „Glaube keiner Statistik, die du nicht selbst gefälscht hast" zu. Wer den dann in seiner heutigen Form in Umlauf gebracht hat, bleibt im Nebel der Geschichte verborgen. Manche vertreten die Ansicht, dass dieser Spruch im Propagandaministerium der Nationalsozialisten kreiert wurde, aber das ist keinesfalls sicher. Sicher ist: Er stammt nicht von Winston Churchill.

Falsche Zitate sind ein gemeinschaftsstiftender Faktor: Es verbindet ungemein, wenn man gemeinsam über die Dummheit der Reichen und/oder Mächtigen lachen kann, wie z. B. über Lukas Podolski, dem Jan Böhmermann den durchaus witzigen Satz: „Fußball ist wie Schach, nur ohne Würfel" unterschob. Und sich wie bei Lübkes angeblicher Neger-Äußerung über sie empören kann.

Aber auch bei originären Zitaten gibt es Grauzonen. In welchem Alter, in welchem Kontext wurde das zur Debatte stehende geäußert? Genau das wäre wichtig um das Gesagte einschätzen zu können. Ob etwas im jugendlichen Überschwang, in der Abgeklärtheit des Erwachsenenalters oder in fortgeschrittenem Alter geäußert wird, macht einen großen Unterschied. Und bei Schriftstellern ist es von Bedeutung ob die das Zitierte direkt geäußert haben, oder ob sie es einer fiktiven Figur in den Mund gelegt haben. Romanfiguren geben nicht in jedem Fall die Meinung des Autors wieder. Das ist eine Binsenweisheit, die gerne ignoriert wird. Auch von der Bank of England. Diese gab eine 10-Pfund-Banknote, die einen Satz Jane Austins trägt, heraus.
"I declare after all there is no enjoyment like reading." (Ich stelle fest, dass es letztlich nichts Schöneres gibt als zu lesen.)

Dieser Spruch entstammt dem Roman Stolz und Vorurteil; Jane Austin legt ihn der verschwenderischen und literaturuninteressierten Caroline Bingley in den Mund. Diese will damit den viel lesenden Fitzwilliam Darcy für sich gewinnen. Angesichts dessen ist es schon sehr verwegen, diesen Satz kommentarlos Jane Austen zuzuschreiben.

Zudem findet sich dieser Ausspruch auf dem besagten Geldschein unter einem Porträt Jane Austins, das erst nach dem Tod gemalt wurde und sie nach Einschätzung von Experten geschönt darstellt. Ist das britischer Humor? Oder Kunst im postfaktischen Zeitalter? (siehe: [20])

Genie und Dummheit

Einstein wird für vieles gebraucht, beziehungsweise missbraucht. Als Glaubenszeuge (s.u.), als Bienenkoryphäe (Einstein hat nie behauptet, dass der Mensch nur noch vier Jahre zu leben hätte, wenn die Biene verschwände) und als DaL-Experte (DaL=Dummheit anderer Leute) Fast naturgesetzmäßig sammeln sich unter Einsteins Namen Zitate, die die Dummheit der Menschen zum Thema haben. Man ist der Meinung, dass jemand, der so intelligent war, viel über die Dummheit der anderen Menschen geschimpft und gespottet haben muss. Das ist nicht richtig.

„Der Horizont vieler Menschen ist wie ein Kreis mit Radius Null. Und das nennen sie dann ihren Standpunkt." Neben Einstein wird dieser Satz auch Leonard Euler und David Hilbert zugeschrieben. Wahrscheinlich hat ihn keiner der Genannten kreiert.

„Zwei Dinge sind unendlich, das Universum und die menschliche Dummheit. Aber beim Universum bin ich mir noch nicht ganz sicher." Erfinder dieses Satzes ist wohl der Psychoanalytiker Fritz Perls, der diesen Satz Einstein in den Mund legte. Dieser Geistesblitz durchlief in den Werken Perls eine Evolution. Er berichtet in seinem 1947 erschienen Werk „Ego, Hunger and Aggression" von einem großen Astronomen, der behauptete, dass nach damaligen Wissensstand zwei Dinge unendlich wären, nämlich das Universum und die menschliche Dummheit. Er fügt dann hinzu, dass diese Bemerkung nicht ganz richtig ist, da Einstein inzwischen die Begrenztheit des Kosmos bewiesen habe. In einem späteren Werk behauptet er, dass dieser Spruch von Einstein persönlich stamme. Das darf nach dieser Evolutionsgeschichte bezweifelt werden, denn wenn Perls wirklich ein originäres Einstein-Zitat hätte vorweisen können, dann hätte er schon in dem früheren Buch darauf verwiesen, dass dieser Ausspruch von Einstein stammt. So ist eher davon auszugehen, dass er sein später

21

erschienenes Werk etwas aufpeppen wollte. Unabhängig davon: Nagelneu war dieser Spruch auch zu Perls und Einsteins Zeiten nicht mehr, denn Alexandre Dumas schrieb einmal folgendes: "The difference between genius and stupidity is that genius has its limits." (Der Unterschied zwischen Genie und Dummheit ist, dass das Genie seine Grenzen hat) (siehe: [21])

„Wer schweigt, stimmt nicht immer zu. Er hat manchmal nur keine Lust mit Idioten zu diskutieren." In Zitatensammlungen wird diese Bemerkung meist Einstein gutgeschrieben. Seltener wird Charles Darwin als der Urheber ausgegeben. Nachweisen lässt sich dieser Spruch bei beiden Wissenschaftlern nicht.

„Die Definition von Wahnsinn ist es immer wieder das gleiche zu tun und andere Ergebnisse zu erwarten." Auch das hat Einstein nicht gesagt. (siehe: [22]) Wenigstens brachte dieser Spruch ein Bonmot hervor:

„Die Definition von Quantenmechanik ist, immer wieder das Gleiche zu tun und andere Ergebnisse zu erhalten. (Unbekannt)

Diese Zuschreibungen sind größtenteils harmlos.
Warum man trotzdem keine Zitate zweifelhafter Provenienz verwenden sollte, darüber kann man ein authentisches Schriftstück von Einstein bemühen:

„Wenn es sich um Wahrheit und Gerechtigkeit handelt, gibt es nicht die Unterscheidung zwischen kleinen und großen Problemen. Denn die allgemeinen Gesichtspunkte, die das Handeln der Menschen betreffen, sind unteilbar. Wer es in kleinen Dingen mit der Wahrheit nicht ernst nimmt, dem kann man auch in großen Dingen nicht vertrauen ..."

(Seite 636 in [B5])

22

Einstein und die Religion

Einstein als Wissenschaftler mit unumstrittenen Leistungen, gilt als perfekt geeigneter Glaubenszeuge für Religion und Esoterik. Vom Christentum über Scientology bis hin zur Astrologie: Diverse Vertreter dieser Glaubensrichtungen versuchen Einstein für ihre Sache zu instrumentalisieren, nicht zuletzt mittels falscher Zitate:

„Es gibt wirklich nur eine Stelle in der Welt, wo wir kein Dunkel sehen. Das ist die Person Jesus Christus. In ihm hat sich Gott am deutlichsten vor uns hingestellt."

Dieses Zitat geistert auf christlichen Websites und in christlichen Büchern herum. Doch hat Einstein das tatsächlich so gesagt? Nein. Diese Worte sind eine verfälschende Wiedergabe eines Interviews, das Albert Einstein 1929 der Satarday Evening Post gab. (Nachzulesen in: [23]

In diesem Interview betont Einstein, dass er davon überzeugt sei, dass Jesus wirklich existierte. Und er spricht auch davon, dass die Geschichten von Jesus einen tiefen Eindruck bei ihm hinterlassen haben. Aber dass Gott Jesus vor uns hingestellt hat, davon spricht er selbstverständlich nicht. Das wäre ein Widerspruch zu Einsteins Überzeugungen, die weiter unten angeführt werden.

Auch Scientologen nehmen Einstein in Beschlag. Die Church of Scientology macht Werbung mit einem angeblichen Einstein-Zitat. Neben einem Bild Einsteins steht der Spruch: „Wir nutzen nur 10 Prozent unseres geistigen Potentials." Dieser Spruch geht aber nicht auf Einstein zurück. Er geistert schon länger durch die Welt und wird – teilweise mit variierenden Prozentangaben – unterschiedlichen, bekannten Persönlichkeiten untergeschoben. So habe angeblich Margaret Mead die Behauptung aufgestellt, dass der Mensch nur 6 Prozent seines Denkvermögens nutze.

Dass die Anbindung an Prominenz gesucht wird, ist verständlich: Dieser Spruch ist Quatsch. Geltung gewinnt er erst, wenn man es schafft, ihn einer bekannten Person unterzujubeln. Es ist nicht ausgeschlossen, dass sich Mead oder Einstein mal mündlich zu dem Zehn-Prozent-Mythos geäußert haben. Aber ernsthafte Hinweise darauf gibt es nicht. Und wenn sie sich dazu geäußert hätten, ist es nur schwer vorstellbar, dass sie diesen Mythos bejaht hätten. Mit solchen Erwägungen tappt man natürlich in eine Falle: Man macht sich Arbeit, die unnötig ist. Denn die Beleglast trägt derjenige, der ein Zitat zum Besten gibt. Der hat zu erklären, wann und wo der Betreffende das Zitat geäußert hat. Leider weist man oft Zitate, die ohne Quellenangabe daherkommen, nicht einfach zurück.

Und man sollte immer bedenken: Eine dumme Aussage würde nicht besser, wenn eine bekannte Person sie gesagt hätte. (In [24] und [25])

„Die Astrologie ist eine Wissenschaft für sich, aber eine wegweisende. Ich habe viel aus ihr gelernt und vielen Nutzen aus ihr ziehen können. Die physikalischen Erkenntnisse unterstreichen die Macht der Sterne über irdisches Geschick. Die Astrologie aber unterstreicht in gewissem Sinne wiederum die physikalischen Erkenntnisse. Deshalb ist sie eine Art Lebenselixier für die Gesellschaft."

Auch das hat Einstein nicht gesagt. Es ist erstaunlich mit welcher Respektlosigkeit gewisse Leute vorgehen, um ihre Sache mit einem Argumentum ad verecundiam (Beweis durch Ehrfurcht) zu befördern. Seit Einsteins Tod häufen sich die Vereinnahmungsversuche. Aber schon zu seinen Lebzeiten wurden ihm alle möglichen religiösen Sachen angedichtet.

Er verwahrte sich gegen derartige Dreistigkeiten in einem Brief an J. Dispentiere mit folgenden Worten:

"It was, of course, a lie what you read about my religious convictions, a lie which is being systematically repeated. I do not believe in a personal God and I have never denied this but have expressed it clearly. If something is in me which can be

24

called religious then it is the unbounded admiration for the structure of the world so far as our science can reveal it.

(S.43 in [B6])

(„Es war natürlich eine Lüge, was Sie über meine religiösen Überzeugungen gelesen haben, eine Lüge, die systematisch wiederholt wird. Ich glaube nicht an einen persönlichen Gott und ich habe dies niemals geleugnet, sondern habe es deutlich ausgesprochen. Falls es in mir etwas gibt, das man religiös nennen könnte, so ist es eine unbegrenzte Bewunderung der Struktur der Welt, so weit sie unsere Wissenschaft enthüllen kann.)"

In „Mein Weltbild" legt er seine Ansichten unmissverständlich dar:

„Einen Gott, der die Objekte seines Schaffens belohnt und bestraft, der überhaupt einen Willen hat nach Art desjenigen, den wir an uns selbst erleben, kann ich mir nicht einbilden. Auch ein Individuum, das seinen körperlichen Tod überdauert, mag und kann ich mir nicht denken; mögen schwache Seelen aus Angst oder lächerlichem Egoismus solche Gedanken nähren."

Aus: Albert Einstein Mein Weltbild; S.420 (Nachlesbar in [26])

Von Bechern und Göttern

Einstein ist nicht der einzige Wissenschaftler, dem man religiöse Äußerungen andichtet. Selbstverständlich nicht. Zu groß ist die Versuchung mittels untergeschobener Zitate bekannte Wissenschaftler zu Glaubenszeugen zu machen. Ein angeblicher Satz Werner Heisenbergs wird gerne zitiert: „Der erste Schluck aus dem Becher der Naturwissenschaft führt zum Atheismus, aber auf dem Grund des Bechers wartet Gott."

Es gibt diverse Varianten, aus denen sich der geneigte Zitierwillige das Passende heraussuchen kann. Für alle, die für sich in Anspruch nehmen, schon mal einen Schluck aus dem Becher der Naturwissenschaften genommen zu haben, ohne dabei zum Atheisten geworden zu sein, wird in dieser Variante keine zwangsläufige Wandlung zum Atheisten unterstellt, sondern nur eine wahrscheinliche:

„Ein Schluck aus dem Becher der Naturwissenschaften macht einen leicht zum Atheisten, aber am Grund des Bechers wartet Gott." (Aus: Was glaubst Du? Menschen und ihr Verhältnis zum Glauben. Das Buch zur Serie der Mittelbayrischen Zeitung eBook) [27])

Für alle, die es gern etwas dicker aufgetragen haben wollen, gibt es eine Hardcore-Variante, in der von einem persönlichen Gott die Rede ist:

»Nicht jeder kann die Erfahrung des Physik-Nobelpreisträgers Werner Karl Heisenberg machen. „Als ich begann, aus dem Becher naturwissenschaftlichen Forschens zu trinken, schmeckte ich zunächst Atheismus. Erst als ich zum Grund des Bechers kam, zeigte sich mir die Realität des unsichtbaren persönlichen Gottes."« (in [28])

Wie überzeugend ist dieses Zitat? Diese Worte kann doch nur jemand sagen, der den Becher der Naturwissenschaft aus-

26

getrunken hat. Aber wer kann das schon von sich behaupten? Oder ist es eine Vorhersage? Vielleicht bekommt auch jeder Trinker, entsprechend seiner Leistungsfähigkeit in diesem Bereich, seinen eigenen Becher? Jeder, der seinen Becher ausgetrunken hat, wird Gott finden? Ungeachtet der Interpretationsspielräume kann man feststellen, dass dieses Zitat nicht von Werner Heisenberg stammt. Denn Carl Friedrich von Weizsäcker verwendet es in seinen 1946 gehaltenen Vorträgen, die 1948 in Buchform veröffentlicht wurden.

„Nun erschrecken gerade viele Gebildete. Sie fürchten, sie hätten das Denken um den Preis der religiösen Unmittelbarkeit zu teuer erkauft. Aber nun können wir nicht zurück. Aus dem Denken gibt es keinen ehrlichen Rückweg in einen naiven Glauben. Nach einem alten Satz trennt uns der erste Schluck aus dem Becher der Erkenntnis von Gott, aber auf dem Grunde des Bechers wartet Gott auf den, der ihn sucht." (S.152 in [B7])

Es kann natürlich sein, dass Heisenberg die betreffende Textstelle mal zitiert hat, vielleicht machte er auch aus dem „Becher der Erkenntnis" auch den „Becher der Naturwissenschaft". (Es gibt keinen Hinweis darauf, dass er dies tatsächlich tat!) Aber was hieße das schon? Um wirklich beurteilen zu können, was er damit meinte, falls er es gesagt hat, müsste man den Kontext kennen. Zuschreiben könnte man ihm dieses Zitat sicher nicht, denn der Tausch von Erkenntnis und Naturwissenschaft, ist zu wenig Änderung um aus einem alten Spruch ein originäres Heisenbergzitat zu machen.

Am Sterbebett der Ungläubigen

Die Respektlosigkeit macht vor dem Sterbebett nicht halt. Hier gibt es zwei Strategien um das Ableben eines Ungläubigen im religiösen Sinn zu deuten. Man unterstellt eine Bekehrung oder man verbreitet Geschichten, die bezeugen, dass Ungläubige einen schrecklichen Tod erleiden müssen.

Bei Charles Darwin verfiel man auf erstere Strategie. Eine Lady Hope, die ihn angeblich kurz vor seinem Tod besuchte, berichtete, dass C. Darwin gläubig geworden sei. Er habe in der Bibel gelesen, und Lady Hope gegenüber Reue ob der Evolutionstheorie und ein Bekenntnis zu Jesus Christus abgelegt. Diese Geschichte erscheint immer wieder in Kirchenzeitschriften. (Z.B. im Reformation Review Oktober 1955 und in Monthly Record of the Free Church of Scotland 1957)

Darwins strenggläubige Ehefrau wäre sicher hocherfreut gewesen, hätte Charles Darwin wirklich zum Christentum zurückgefunden. Und sie hätte dies auch mitgeteilt. Aber zu ihrem Leidwesen gab es keinen Sinneswandel. Charles Darwin starb als Agnostiker. Schon seinem Großvater Erasmus Darwin widerfuhr ähnliches. Auch ihm unterstellten unwohl meinende Leute eine Wandlung zum Christentum auf dem Sterbebett. (In [29])

Die andere Strategie: Wenn schon ungläubig, dann soll wenigstens das Sterben schrecklich gewesen sein. Humes „Ich bin in den Flammen." „I am in flames" geistert in christlichen Sammlungen letzter Worte Ungläubiger umher. Natürlich ohne Quellenangabe. Adam Smith, der während Humes letzter Lebensphase bei ihm war, berichtet nichts derartiges. (In [30])

In den Sterbebettgeschichten um Voltaire geistert immer unter anderem der Ausspruch einer Nonne herum, die ihn angeblich in seinen letzten Stunden betreute. „Für alles Geld in Europa wollte ich nicht noch einen Ungläubigen sterben sehen! Die ganze Nacht flehte er um Vergebung."

28

Ausgangspunkt für die Geschichten um Voltaires angebliches schreckliches Ableben ist sein Arzt Theodore Trochin. Dieser war nämlich vor allem eines: Calvinist. Ganz entgegen den Regeln ärztlicher Diskretion ließ er sich in Briefen ausführlich über den Tod Voltaires aus. Wobei er nicht die tatsächlichen Ereignisse schildert, sondern seine eigene Sicht, die durch seinen Glauben geprägt war. Dass sein Urteil nicht objektiv war, dafür sind seine Vorhersagen, die den Tod Voltaires betreffen, Beleg. Nachdem sich Voltaire von einer erholt hat, schreibt Trochin: "Voltaire ist noch einmal davongekommen, ich hätte das nicht mehr erwartet. Ich wette, er ist um den Teufel herumscharwenzelt und dieser um ihn und tut es immer noch. Wenn er fröhlich stürbe ..., würde ich mich arg täuschen ... Er wird sich sicher seiner Unruhe und der Schwierigkeit, die er hat, das Sichere für das Unsichere einzutauschen, überlassen". (In [31])

In diesen Kreisen ist die gefühlte Wahrheit wichtiger als die Realität. Es werden nur zu gerne alternative biografische Details in den Lebenslauf berühmter Personen eingearbeitet, um die Vorteilhaftigkeit des eigenen Weltbilds zu bestätigen.

Man stirbt selten in allerbester physischer und psychischer Verfassung. Schmerzen, Schwindel, Gebrechen unterschiedlichster Natur machen es oft schwer bis unmöglich letzte Worte von immenser Tragweite zu produzieren. So ist es nicht verwunderlich, dass die meisten letzten Worte berühmter Personen erfunden wurden, oder aber passende Worte, die vom Betreffenden einmal geäußert wurden, als letzte Worte ausgegeben wurden.

Von Goethe wird der Ausspruch „Mehr Licht!" überliefert. Aber bevor man die metaphysische Tiefe dieser beiden Worte auslotet, sollte man beachten, dass er dies als Aufforderung, die Fensterläden zu öffnen, sprach. Wenn er es sprach. Denn daran gibt es berechtigte Zweifel. Sein Diener Friedrich Krause berichtet, Goethe habe als letztes nach seinem Nachttopf verlangt. (Vergleiche [32]) So stehen sich am Sterbebett Goethes die Gegenspieler des Menschen gegenüber. Das Licht symbolisiert die Hingezogenheit zur Welt der Ideen und der Nachttopf das allzu Menschliche, das es dem Menschen verunmöglicht sich als reines Geistwesen zu begreifen.

Oscar Wilde (der nicht zu den Ungläubigen gehörte) werden gleich mehrere letzte Worte zugeschrieben. (Von: „Ich sterbe, wie ich gelebt habe, über meine Verhältnisse", über „Die katholische Kirche ist die einzige, in der es sich gut sterben lässt." bis hin zu einem an eine Tapete gerichteten Wort: „Einer von uns beiden muss hier verschwinden.") In Wirklichkeit verbrachte er die letzten Stunden seines Lebens im Delirium. So konnte er nichts Geistreiches von sich geben.

Thomas Alva Edison hat „It's very beautiful over there" („Es ist schön da drüben.") tatsächlich gesagt als er entweder auf einem Stuhl sitzend aus dem Fenster schaute, oder aus einem Nickerchen erwachte. Die Angaben widersprechen sich hier. Einigkeit besteht darin, dass das nicht seine letzten Worte waren. Die sind nicht überliefert und wurden auch nicht aufgezeichnet, obwohl Edison den Phonographen einmal genau zu diesem Zweck anpries.
"Zum Zwecke der Bewahrung der Reden, der Stimmen und der letzten Worte von sterbenden Familienmitgliedern - wie von großen Männern - wird der Phonograph fraglos die Fotografie ersetzen." (S.295 in [B8])

30

Werbung mit Hitler

Werbung ist nicht immer auf Menschen angewiesen, mit denen man Positives assoziiert. Waffenbefürworter in den USA machen sich die negative Strahlkraft Adolf Hitlers zunutze, um darzulegen, dass Waffenkontrolle etwas sehr schlechtes ist. Zu diesem Zweck werden falsche Hitlerzitate in Umlauf gebracht. Diese angeblichen Hitlerworte tauchen auch in Büchern auf.

Z.B.
"This year will go down in history! For the first time, a civilized nation has full gun registration! Our streets will be safer, our police more efficient, and the world will follow our lead into the future!" 1935
(S. 43 in From Fear to Freedom von G. J. Sumner Eagles Preak Publishing; 2014 [B9])
("Dieses Jahr wird in die Geschichte eingehen! Zum ersten Mal hat eine zivilisierte Nation eine vollständige Waffenregistrierung! Unsere Straßen werden sicherer, unsere Polizei wirkungsvoller sein, und die Welt wird unserer Führung in die Zukunft folgen!")

Auch folgendes angebliche Hitlerzitat ist häufig anzutreffen:
"To conquer a nation one must first disarm its citizens." 1933
("Um eine Nation zu Erobern, ist zuerst die Bevölkerung zu entwaffnen.")

Man sieht: Auch wenn wie hier Jahreszahlen angegeben sind, kann man sich nicht auf die Authentizität des Zitierten verlassen. Denn Nachweisen lassen sich diese Worte nicht bei Adolf Hitler. Und es ist unwahrscheinlich, dass Hitler so etwas geäußert hätte:

Waffengesetze wurden 1928 in der Weimarer Republik erlassen. Auf diese Gesetze hätte sich Hitler wohl nicht lobend bezogen. Zudem ging es Hitler nicht um eine Entwaffnung der Bevölkerung. Es ging ihm darum bestimmte Teile der Bevölkerung zu entwaffnen. Von einer allgemeinen Entwaffnung der Bevölkerung Deutschlands während des Dritten Reiches kann keine Rede sein.

Die obigen Zitate sind nicht nur falsch, sondern auch stark irreführend: Die Machtergreifung der Nazis resultierte weder aus Schusswaffenregistrierung noch aus einer Entwaffnung der Bevölkerung.

Die Waffenhändler in den USA müssen sich ohnehin keine Sorgen machen. Passiert nichts, läuft das Geschäft, ereignet sich ein Massaker mit Schusswaffen, dann läuft das Geschäft noch besser, weil sich Leute mit Waffen eindecken, um einem Verbot zuvorzukommen.

Zitate im Dienst der Propaganda

"Seit mehr als 500 Jahren haben die Regeln und Theorien eines alten Araber-Scheichs und die abstrusen Auslegungen von Generationen von schmutzigen und unwissenden Pfaffen in der Türkei sämtliche Zivil- und Strafgesetze festgelegt. Sie haben die Form der Verfassung, die geringsten Handlungen und Gesten eines Bürgers festgesetzt, seine Nahrung, die Stunden für Wachen und für Schlafen, den Schnitt der Kleider, den Lehrstoff in der Schule, Sitten und Gewohnheiten und selbst die intimsten Gedanken. Der Islam, diese absurde Gotteslehre eines unmoralischen Beduinen, ist ein verwesender Kadaver, der unser Leben vergiftet"

Dieses Zitat schaffte es in zumeist gekürzter Form auch in die Mainstream-Medien. Z. B. Welt online (in [33])

Auch auf rechtsgerichteten Internetseiten taucht es immer wieder auf. Es soll von Kemal Atatürk stammen. Die Beweislage ist dünn. Zurückzuführen ist es auf Jaques Benoist-Mechin. Der verwendet dieses bemerkenswerte Zitat in seinem 1954 erschienen Buch „Mustafa Kemal ou la mort dund empire" ohne zu erklären, woher er es hat. Ist das Schlampigkeit oder konnte er keine Quellenangabe machen? Wahrscheinlich letzteres. Solange keine Quellenangabe geliefert werden kann, sollte das Zitat nicht mehr verwendet werden.

Unzweifelhaft gefälscht wurden Talmud-Sprüche im Dienste antisemitischer Propaganda. Und das nicht erst in der Zeit des Dritten Reiches. Mindestens bis ins sechzehnte Jahrhundert gehen die Fälschungen zurück. Diese falschen Zitate stellen einen umfangreichen Fundus dar, aus dem sich Antisemiten auch heute gerne noch bedienen.

In den Dienst antijüdischer Propaganda wird auch diese angebliche Rothschildmaxime gestellt: „Gebt mir die Kontrolle über die Währung einer Nation, und es ist mir gleichgültig, wer die Gesetze macht!" Dieser Satz lässt sich bei Rothschild aber nicht nachweisen. Zum ersten Mal taucht dieser Satz bei T.C. Daniel 1913 auf, der ihn Geldverleihern der alten Welt zuordnet. Mit dem Namen M.A. Rothschild verknüpfte Gertrude Coogan diese Äußerung, die mit ihrem 1935 erschienenen Buch „Money Creators" dieses unbelegte Zitat auch popularisierte. Seitdem wird es gern auf rechten Seiten benutzt, um gegen das „Internationale Finanzjudentum" herzuziehen.

Auch die Tierschutzorganisation PETA bedient sich unbelegter Zitate.

„Auschwitz beginnt da, wo einer im Schlachthaus steht und denkt, es sind ja nur Tiere." Stand auf Plakaten zu lesen. Und darunter der Name Theodor W. Adorno.

(Siehe: [34])

Dieses Zitat ist im Internet sehr präsent. Natürlich ohne Quellenangaben. In Adornos Werken ist es nicht nachweisbar. Natürlich könnte er es irgendwann gesagt, oder in einem bisher unveröffentlichten Brief geschrieben haben. Aber das ist eher unwahrscheinlich. Wahrscheinlicher ist, dass dieses Zitat eine nicht akkurate Umformulierung eines Aphorismus ist:

Menschen sehen dich an.

„Die Entrüstung über begangene Grausamkeiten wird um so geringer, je unähnlicher die Betroffenen den normalen Lesern sind, je brünetter, »schmutziger«, dagohafter. Das besagt über die Greuel selbst nicht weniger als über die Betrachter. Vielleicht ist der gesellschaftliche Schematismus der Wahrnehmung bei den Antisemiten so geartet, dass sie die Juden überhaupt nicht als Menschen sehen. Die stets wieder begegnende Aussage, Wilde, Schwarze, Japaner glichen Tieren, etwa Affen, enthält bereits den Schlüssel zum Pogrom. Über dessen Möglichkeit wird entschieden in dem Augenblick, in dem das Auge eines tödlich verwundeten Tiers den Menschen trifft. Der Trotz, mit dem er diesen Blick von sich schiebt – »es ist ja bloß ein Tier« -, wiederholt sich unaufhaltsam in den Grausamkeiten an Menschen, in denen die Täter das »Nur ein Tier« immer wieder sich bestätigen müssen, weil sie es schon am Tier nie ganz glauben konnten. In der repressiven Gesellschaft ist der Begriff des Menschen selber die Parodie der Ebenbildlichkeit. Es liegt im Mechanismus der »pathischen Projektion«, dass die Gewalthaber als Menschen nur ihr eigenes Spiegelbild wahrnehmen, anstatt das Menschliche gerade als das Verschiedene zurückzuspiegeln. Der Mord ist dann der Versuch, den Wahnsinn solcher falschen Wahrnehmung durch größeren Wahnsinn immer wieder in Vernunft zu verstellen: was nicht als Mensch gesehen wurde und doch Mensch ist, wird zum Ding gemacht, damit es durch keine Regung den manischen Blick mehr widerlegen kann.“

(S. 188f in [B10])

Man sieht: Adornos Punkt ist ein anderer. Bei ihm steht die Abwertung des Menschen durch andere Menschen im Mittelpunkt.

Auch Einstein wurde von Umweltschützern in den Dienst des Naturschutzes gestellt, als man ihm folgenden Spruch andichtete: „Wenn die Biene einmal von der Erde verschwindet, hat der Mensch nur noch vier Jahre zu leben.“ (Siehe: [35]) Dieser Satz wäre auch falsch, wenn ihn Einstein gesagt hätte. Bienen sind wichtig, aber so wichtig, dass ihr Verschwinden die Auslöschung der Menschheit zur Folge hätte, nun auch wieder nicht.

Zitate, die Karrieren beenden

Die Überschrift könnte auch „Traue keinem Zitat, das du nicht selbst aus dem Zusammenhang gerissen hast." (Johannes Rau zugeschrieben) lauten.

Der Medizin-Nobelpreisträger Tim Hunt musste seine Honorarprofessur am University College London aufgeben.

Was war passiert?

Während einer Konferenz in Seoul hatte er eine launige Tischrede gehalten. Teile dieser Tischrede wurden von der Wissenschaftsjournalistin Connie St Louis getweetet. Diese erweckten den Eindruck, Hunt hätte ernsthaft getrennte Labors für Frauen und Männer gefordert. Zahlreiche Retweets ließen das Empörungslevel schnell anwachsen.

Da diese Rede nicht Teil des offiziellen Programms war, und deshalb nicht protokolliert wurde, fasste sie ein EU-Offizieller aus dem Gedächtnis zusammen:

"Es ist seltsam, dass ein chauvinistisches Monster wie ich gefragt wurde, vor Wissenschaftlerinnen zu sprechen. Lassen Sie mich von meinen Problemen mit Frauen erzählen. Drei Dinge passieren, wenn sie im Labor sind: Du verliebst dich in sie, sie verlieben sich in dich, und wenn du sie kritisierst, fangen sie an zu heulen. Vielleicht sollten wir getrennte Labore für Männer und Frauen einrichten? Spaß beiseite, ich bin beeindruckt von der wirtschaftlichen Entwicklung Koreas. Und Wissenschaftlerinnen spielten dabei zweifellos eine wichtige Rolle. Wissenschaft braucht Frauen, und Sie sollten Wissenschaft betreiben trotz all der Hindernisse und trotz solcher Monster wie mir."

Ob man das lustig findet oder eher weniger lustig: Die Aufregung wäre wohl weniger stark ausgefallen, wenn die Kommentatoren die ganze Rede gekannt hätten und somit den Zusammenhang berücksichtigen hätten können. Es war eine selbstironische, launige Rede. Die Kommentatoren hatten

36

sich mit ihrer anfänglichen Empörungsrhetorik schon so weit aus dem Fenster gelehnt, dass sie ihre Meinung nicht mehr revidieren oder relativieren wollten.

Und so kam es, wie es kommen musste: Tim Hunt erfuhr bei seiner Rückkehr nach GB, dass er zurückzutreten habe, denn die Universität war um ihren guten Ruf besorgt. Es gibt eine Menge Leute, die auf passende Gelegenheiten warten, um ihrer Empörung freien Lauf zu lassen. So ein Shitstorm kann Imageschädigend für das gesamte Umfeld sein. Der Betreffende wird dann zur heißen Kartoffel, die schnell fallen gelassen wird.

Auch das Auftauchen eines Audio-Mitschnittes vom Ende seiner Rede, änderte nichts mehr an seinem Sexisten-Status. In dem Mitschnitt ist zu hören, dass Hunt von sich als „Monsters like me." spricht. Die ZuhörerInnen fanden Gefallen an der Rede und spendeten Gelächter und Applaus. (Siehe: [36] und [37])

Über manche Zitate wird jahrelang erbittert gestritten, obwohl es Fernsehaufzeichnungen davon gibt. Der Fall Kelec ist so einer.

In einem ZDF-Interview sagte sie:

„Ich sehe nach diesem Menschenbild, was der ‚Islam' übrigens auch vorgibt, in der Erziehung, da gibt es ein Menschenbild, was konstruiert ist, die Menschen haben nicht die Fähigkeit, ihre Sexualität zu kontrollieren, und besonders der Mann nicht, der ist ständig eigentlich herausgefordert und muss auch der Sexualität nachgehen, er muss sich ‚entleeren', heißt es, und wenn er keine Frau findet, eben dann ein Tier oder eine andere Möglichkeit, wo er dem nachgehen muss. Und das hat sich im Volk so durchgesetzt, das ist ein Konsens." Siehe [38]

Mündliche Äußerungen sollten nachgiebiger behandelt werden als schriftliche. Was hier nicht der Fall ist. Es zerreißen sich Leute jahrelang das Maul über diese Interviewpassage. Und sie echauffieren sich nicht mal über die wirklich gesprochenen Worte. Nein, sie machen sich diese Worte so zurecht, wie es ihnen in den Kram passt. Jakob Augstein verkürzt die Worte verfälschend. „Die Soziologin Necla Kelek hat lange vor Jan Böhmermanns Ziegenficker-Gedicht im ZDF über Muslime gesagt: "Die Menschen haben nicht die Fähigkeit, ihre Sexualität zu kontrollieren, und besonders der Mann nicht. Der ist ständig (...) herausgefordert und muss auch der Sexualität nachgehen (...) - und wenn er keine Frau findet, dann eben ein Tier ..."“

„Dumm und dauergeil, so ist er, der Muslim.“, setzt Augstein im folgenden Absatz fort.

Aus [39]

Die Zitation Augsteins unterschlägt, dass es hier um die Menschenbilder geht, nicht um die Meinung Kelecs. Dieses Menschenbild betrifft nicht nur muslimische Männer, es erstreckt sich auf Männer allgemein, egal ob muslimisch, christlich, jüdisch, atheistisch ...
Sie spricht davon, dass dies das Menschen- und Männerbild des Islam sei. Diese Äußerung hat sicher Berechtigung: Man denke an das Verhüllungsgebot, das Frauen auferlegt ist. Dieses Zitat ist nicht geeignet, Kelec in die islamophobe Ecke zu stellen. Allerdings ist die Hoffnung, dass das verfälschte Zitat verschwindet, nicht groß. Zu sehr hat es sich durch diverse Publikationen festgesetzt, und zu verlockend ist die Aussicht für Kelecs Gegner sie durch diese „Zitation“ in Misskredit zu bringen.

Falsche Zitate in der Politik

Wo um Wählerstimmen gekämpft wird, ist das gefälschte Zitat nicht weit entfernt. Vor allem auf rechtspopulistischen Internetseiten werden erfundene Aussprüche deutscher Politiker kolportiert.

„Deutschland verschwindet jeden Tag immer mehr, und das finde ich einfach großartig." Jürgen Trittin

Aus : [40]

Gegen die Zuschreibung dieses Zitats hat sich Jürgen Trittin erfolgreich zur Wehr gesetzt. Die zwei stellvertretenden Vorsitzenden der AfD, Alexander Gauland und Albrecht Glaser mussten auf Anordnung des Landgerichts Berlin eine Gegendarstellung machen, nachdem sie das - fälschlich Trittin zugeschriebene - Zitat verbreitet hatten. (Siehe: [41])

„Wir wollen, dass Deutschland islamisch wird." Angeblich von Cem Özdemir.

Die Indizienlage, dass Özdemir das tatsächlich so gesagt hat, ist sehr dünn: Für den Blog PI-News führte Michael Stürzenberger ein Interview mit Susanne Zeller-Hirzel, die darin sagt, dass sie gehört habe wie Özdemir den besagten Satz vor einer Gruppe junger Mädchen geäußert habe. Über die näheren Umstände sagt sie nichts.

„Wir sind dabei, das Monopol des alten Nationalstaates aufzulösen. Der Weg ist mühsam, aber es lohnt sich." Angeblich Wolfgang Schäuble. (Siehe: [40]) Diese Worte stellen eine unzulässige Verkürzung eines echten Wolfgang Schäubles Zitat dar.

„Wir sind dabei, das Monopol des alten Nationalstaates aufzulösen. In Europa wird schrittweise die Souveränität zwischen den Ebenen verteilt. Das ist das moderne Organisationsprinzip in der globalen Welt des 21. Jahrhunderts. Der Weg ist mühsam, aber es lohnt sich, ihn zu gehen." (Siehe: [42])

Natürlich sind rezitatorische Schlammschlachten nicht auf Deutschland beschränkt. Beispielsweise wurde Marine Le Pen ein Hitlervergleich untergeschoben, den sie nicht gemacht hat. (Siehe: [43])

Grüne Politiker sind häufig Opfer von Zitatfalschzuschreibungen. Dennoch hielt sie das nicht davon ab im Wahlkampf für die Bundestagswahl 2017 eine Kampagne auf Twitter zu starten, in deren Zuge sie dem FDP-Vorsitzenden Lindner gefälschte Zitate unterjubelten. (Z. B. „Freie Fahrt für freie Porschefahrer? Eigentlich wollte ich nie was anderes.")
»Trittin sieht keinen Widerspruch zur Twitterkampagne. "Wir sind jetzt im Vorwahlkampf und da ist auch Spaß noch erlaubt", so der Grünen-Politiker. Zudem sei es aus seiner Sicht "völlig offensichtlich", dass es sich um Satire handele.«
(Aus: [44])
In neuerer Zeit gibt es aber nichts Offensichtliches. Diese Inhalte werden ein paar Sekunden erblickt und dann wird zum nächsten übergegangen.
Wer will schon spontan entscheiden ob irgendetwas Satire oder ernst gemeinte Behauptung ist. Hängen bleibt was.

Wenn jemand unbeliebt ist, dann braucht er sich keine Sorgen darüber zu machen, dass die Medien zu objektiv mit ihm umgehen. Entstellte Zitate gehören zum Repertoire der Redaktionen. Man kann Zitate aus dem Zusammenhang reißen, böswillig verkürzen, oder aber einfach falsch übersetzen.
»"Ich wurde von den Wählern in Pittsburgh gewählt, nicht in Paris", sagte Trump und begründete so, warum er dem internationalen Klimaschutz den Rücken kehrt.«
(In: [45])
Eine böswillige Übersetzung. Sie suggeriert, dass Trump nicht wisse, dass ihn die Wahlberechtigten Pittsburghs mehrheitlich nicht gewählt haben. Eine adäquate Übersetzung ist: "Ich wurde gewählt um die Bürger Pittsburghs zu repräsentieren, nicht die von Paris."

40

"Trump said 'I was elected to represent the citizens of Pittsburgh, not Paris'" (Siehe: [46]) Damit hat Trump recht. Der US-Präsident repräsentiert auch Menschen, die ihn nicht gewählt haben.

Wenn wir schon bei Donald Trump sind: Auch er hat zitatorisch geschludert, als er ein vermeintliches Lincoln-Zitat via Twitter verbreitete. (Retweetete, wie man heute so schön zu sagen pflegt.)

"And in the end, it's not the years in your life that count, it's the life in your years." "Am Ende sind es nicht die Lebensjahre, die zählen, sondern das Leben in deinen Jahren."

Wer dieses Zitat erfunden hat, weiß man nicht genau. Aber sicher ist: Es war nicht Abraham Lincoln. (Siehe: [47])

Die Presse schmierte ihm natürlich die Richtigstellung genüsslich aufs Brot.

Überhaupt müssten öfters unbeliebte Personen zweifelhafte Zitate bringen. Die Journalisten recherchieren ziemlich präzise, wenn es darum geht, Jemanden, den man nicht mag, eine unsinnige Behauptung nachzuweisen.

Ansonsten führen Schlampigkeit und Zeitdruck allzu oft dazu, dass Zitate nicht ausreichend recherchiert werden.

Quellenverzeichnis

Internetquellen

Sämtliche Links wurden zuletzt abgerufen am 17.7.2018

[1] Drösser Christoph Revolutionskuchen
https://www.zeit.de/2006/46/Stimmts-Revolutionskuchen
[2] Bingener, Reinhard: „Mit Luther hat der Spruch nichts zu tun"
http://www.faz.net/aktuell/gesellschaft/menschen/stammt-der-spruch-ueber-den-apfelbaum-gar-nicht-von-luther-14967938.html
[3] https://www.luther2017.de/de/reformation/und-gesellschaft/deutsche-sprache/wem-hat-luther-aufs-maul-geschaut-luthers-einfluss-auf-die-sprache/
[4]
http://www.sgipt.org/sonstig/metaph/luther/lvdjuil.htm#298-304
[5] https://quoteinvestigator.com/2015/04/20/coincidence/
[6]
https://de.wikipedia.org/wiki/Non_vitae_sed_scholae_discim us
 [7] Müsse Hans G. : Vom Nichtwissen in http://platon-heute.de/vom-nichtwissen.html
[8] https://www.zeit.de/1982/33/tratschkes-lexikon-fuer-besserwesser
[9] Rief Norbert; Gefälschte Zitate: Das habe ich nie gesagt!
https://diepresse.com/home/kultur/literatur/4835141/Gefael schte-Zitate_Das-habe-ich-nie-gesagt
[10] https://quoteinvestigator.com/2013/01/22/borrow-earth/

[11] https://quoteinvestigator.com/2014/08/19/same-name/#more-9601

[12] http://www.zeno.org/Literatur/M/Tucholsky,+Kurt/Werke/1925/Franz%C3%B6sischer+Witz

[13] König Michael: Steinbrücks Witz hat soooooo einen Bart http://www.sueddeutsche.de/politik/spd-kanzlerkandidat-im-bundestag-steinbruecks-witz-hat-soooooo-einen-bart-1.1707768

[14] dpa-Meldung vom 29.12. 2016 https://www.zdf.de/sport/fussball-vogts-geburtstag-100.html

[15] https://quoteinvestigator.com/2010/05/19/gambling-women/

[16] http://www.spiegel.de/spiegel/print/d-45293067.html

[17] https://www.heise.de/tp/features/Luegende-Politiker-die-wohl-doch-keine-waren-3392687.html

[18] Elke Wittich, Boris Mayer: Gandhi ist immer gut https://jungle.world/artikel/2011/42/gandhi-ist-immer-gut

[19] http://gutenberg.spiegel.de/buch/die-welt-als-wille-und-vorstellung-band-i-7134/2

[20] Stocker Frak: Was an der neuen 10-Pfund Banknote un-echt ist https://www.welt.de/finanzen/article166778630/Was-an-der-neuen-10-Pfund-Banknote-unecht-ist.html

[21] https://quoteinvestigator.com/2010/05/04/universe-einstein/

[22] Krieghofer Gerald: Zitaträtsel http://falschzitate.blogspot.com/2017/12/die-definition-von-wahnsinn-ist-immer.html

[23] http://www.saturdayeveningpost.com/wp-content/uploads/satevepost/what_life_means_to_einstein.pdf

[24] Drösser Christoph: „Stimmt´s" Der Mensch nutzt nur 10% seiner Gehirnkapazität http://www.zeit.de/1997/40/stimmt40.txt.19970926.xml

[25] Jürgen Schmieder: Komm zu uns

http://www.sueddeutsche.de/leben/scientology-rekruten-komm-zu-uns-1.286011

[26] https://gedankenfrei.files.wordpress.com/2009/01/mein-weltbild-albert-einstein.pdf

[27] Was glaubst Du? Menschen und ihr Verhältnis zum Glauben. Das Buch zur Serie der Mittelbayrischen Zeitung eBook

[28] Pater Eugen Rucker; Sind Glaubenszweifel Sünde? https://www.steyler.eu/svd/medien/zeitschriften/stadtgottes _DE-CH/2009/2009_12/Glaubenszweifel.php

[29] Junker Reinhard: Starb Charles Darwin als Christ? http://www.wort-und-wissen.de/disk/d00/2/d00-2.pdf

[30] Letter from Adam Smith: The Death of David Hume https://www.ourcivilisation.com/smartboard/shop/smitha/humedead.htm

[31] Strunz Franz: Voltaires Tod aus Aufklärung und Kritik 1/2000 (S.116 ff) http://www.gkpn.de/voltaire.htm

[32] http://www.spiegel.de/spiegel/print/d-13499548.html

[33] Stark Florian: „Der Islam ist ein verwesender Kadaver" https://www.welt.de/geschichte/article121699511/Der-Islam-ist-ein-verwesender-Kadaver.html

 [34] Seibt Gustav: Vegetarische Moral in http://www.sueddeutsche.de/kultur/die-holocaust-plakate-von-peta-vegetarische-moral-1.893374

[35] https://www.skeptiker.ch/skepsis-im-kleinen-falsche-zitate-einstein-und-das-sterben-der-bienen/

[36] Behrend Anna: Nicht witzig, Herr Hunt http://www.zeit.de/wissen/2015-06/sexismus-wissenschaft-tim-hunt-scherz

[37] Don Alphonso: Der „Fall" Tim Hunt: Tonmitschnitt bringt seine Verfolger in Bedrängnis http://blogs.faz.net/deus/2015/07/24/der-fall-tim-hunt-tonmitschnitt-bringt-seine-verfolger-in-bedraengnis-2730/

[38] https://www.ruhrbarone.de/lamya-kaddor-stalkt-necla-kelek/150052

[39] Augstein Jakob: Gerüchte über Muslime in
http://www.spiegel.de/politik/ausland/rassismus-in-europa-geruechte-ueber-muslime-kolumne-a-1091398.html
[40] Giammarco Francesco; Wenn Politiker verleumdet werden
http://www.faz.net/aktuell/politik/inland/verschwoerungstheorien-wenn-politiker-verleumdet-werden-13849907.html
[41] Bangel Christian: Trittin erwirkt einstweilige Verfügung gegen AfD-Politiker
https://www.zeit.de/politik/deutschland/2015-11/gauland-trittin-gegendarstellung

[42] http://www.wolfgang-schaeuble.de/streitgespraech-mit-otmar-issing/
[43] http://www.deutschlandfunk.de/angeblicher-hitler-vergleich-die-uebertreibung-hat-uns.795.de.html?dram:article_id=372702
[44] http://faktenfinder.tagesschau.de/inland/plakat-fdp-gruene-101.html
[45] Lippold Markus: Pittsburghs Bürgermeister blamiert Trump
http://www.n-tv.de/politik/Pittsburghs-Buergermeister-blamiert-Trump-article19871688.html
[46] Gambino Lauren: Pittsburgh fires back at Trump: we stand with Paris, not you
https://www.theguardian.com/us-news/2017/jun/01/pittsburgh-fires-back-trump-paris-agreement
[47] Fortin Jacey: Republicans Tweet, Then Delete, a Fake Lincoln Quote
https://www.nytimes.com/2017/02/13/us/politics/fake-abraham-lincoln-quote-gop.html?src=twr&smid=tw-nytimes&smtyp=cur&_r=0

Bücher

[B1]Stephen G. Tallentyre: The friends of Voltaire, Richard West, 1906

[B2] Noah benShea: What Every Principal Would Like to Say . . . and What to Say Next Time: Quotations for Leading, Learning, and Living, Corwin Press: A Sage Publications Company, Thousand Oaks, California 2000

[B3] Théophile Gautier: La Croix de Berny

[B4] Kurt Hassert Allgemeine Verkehrsgeographie, Berlin Leipzig 1913, (S.121)

[B5] Nathan/Norden (Hrsg.): Einstein on Peace. London 1963. Deutschsprachige Ausgabe: Bern 1975. Unveränderte Neuausgabe 2005: Melzer Neu-Isenburg, S. 636.

[B6] Albert Einstein - The Human Side. Hrsg. von Helen Dukas und Banesh Hoffman. Princeton, New Jersey 1981, S. 43

[B7] Von Weizsäcker, Carl Friedrich: Die Geschichte der Natur; Zürich 1948

[B8] Miller, Francis Trevelyan: Thomas A. Edison, Benefactor of Mankind : The Romantic Life Story of the World's Greatest Inventor, 1931

[B9] From Fear to Freedom von G. J. Sumner Eagles Preak Publishing; 2014

[B10] Adorno, Theodor W.: Minima Moralia; Frankfurt am Main, 1951 S, 188f